BEI GRIN MACHT SICH IHR WISSEN BEZAHLT

- Wir veröffentlichen Ihre Hausarbeit,
  Bachelor- und Masterarbeit

- Ihr eigenes eBook und Buch -
  weltweit in allen wichtigen Shops

- Verdienen Sie an jedem Verkauf

Jetzt bei www.GRIN.com hochladen
und kostenlos publizieren

Lisa Atlas

Schwimmsport für Kinder

Die Prüfung auf Alterstauglichkeit koordinativer Übungen im Anfänger-training von Kindern des Vorschul- und frühen Schulkindalters und die Entwicklung der koordinativen Fähigkeiten

GRIN Verlag

Bibliografische Information der Deutschen Nationalbibliothek:

Die Deutsche Bibliothek verzeichnet diese Publikation in der Deutschen National-
bibliografie; detaillierte bibliografische Daten sind im Internet über http://dnb.d-
nb.de/ abrufbar.

Dieses Werk sowie alle darin enthaltenen einzelnen Beiträge und Abbildungen
sind urheberrechtlich geschützt. Jede Verwertung, die nicht ausdrücklich vom
Urheberrechtsschutz zugelassen ist, bedarf der vorherigen Zustimmung des Verla-
ges. Das gilt insbesondere für Vervielfältigungen, Bearbeitungen, Übersetzungen,
Mikroverfilmungen, Auswertungen durch Datenbanken und für die Einspeicherung
und Verarbeitung in elektronische Systeme. Alle Rechte, auch die des auszugsweisen
Nachdrucks, der fotomechanischen Wiedergabe (einschließlich Mikrokopie) sowie
der Auswertung durch Datenbanken oder ähnliche Einrichtungen, vorbehalten.

Impressum:

Copyright © 2012 GRIN Verlag GmbH
Druck und Bindung: Books on Demand GmbH, Norderstedt Germany
ISBN: 978-3-656-43815-1

Dieses Buch bei GRIN:

http://www.grin.com/de/e-book/209438/schwimmsport-fuer-kinder

GRIN - Your knowledge has value

Der GRIN Verlag publiziert seit 1998 wissenschaftliche Arbeiten von Studenten, Hochschullehrern und anderen Akademikern als eBook und gedrucktes Buch. Die Verlagswebsite www.grin.com ist die ideale Plattform zur Veröffentlichung von Hausarbeiten, Abschlussarbeiten, wissenschaftlichen Aufsätzen, Dissertationen und Fachbüchern.

Besuchen Sie uns im Internet:

http://www.grin.com/

http://www.facebook.com/grincom

http://www.twitter.com/grin_com

Sportgymnasium Leipzig

Besondere Lernleistung

Schuljahr: 2012/2013   Klasse:12N

Unterrichtsfach: Sporttheorie

Name: Lisa Atlas

Titel:

Die Prüfung auf Alterstauglichkeit koordinativer Übungen im Anfängertraining von Kindern des Vorschul- und frühen Schulkindalters im Schwimmsport und die Entwicklung der koordinativen Fähigkeiten dieser Altersgruppen

1. Einleitung

Zu Beginn des Schuljahres 2011/2012 begann ich eine Trainertätigkeit beim Postschwimmverein Leipzig e.V. und übernahm die Verantwortung für eine Gruppe von Trainingsanfängern, nachdem ich mich selbst aus dem aktiven Leistungssport zurückgezogen hatte. Da ich noch keinerlei Erfahrung im Bereich der Trainertätigkeit hatte und meine eigenen Erinnerungen nicht mehr bis in diesen, anfänglichen Trainingsabschnitt zurückreichten, war ich mir nicht sicher, welche koordinativen Übungen dort eingesetzt werden sollten. Ziel meiner Arbeit ist es, zu klären, welche koordinativen Übungen für die Alters- bzw. Entwicklungsphasen, in denen sich meine Sportler befanden, geeignet sind. Dazu charakterisiere ich zunächst die beiden Entwicklungsphasen und den Begriff der koordinativen Fähigkeiten und deren Bedeutung im Schwimmen kurz. Im Hauptteil der Arbeit gehe ich auf die einzelnen untersuchten Übungen ein, ordne sie in Kategorien ein und ziehe allgemeine Schlüsse. Bei meinen Untersuchungen konnte ich nicht auf konditionelle und psychische Zusammenhänge und methodischen Aspekte eingehen, weil das Thema eingegrenzt werden musste, um im Rahmen der Arbeit zu bleiben. In der Zusammenfassung der Ergebnisse gehe ich auf die Gewichtung der verschiedenen Kategorien ein und gebe zu jeder Entwicklungsphase eine Übersicht mit geeigneten Übungen.

2. Gliederung

3. Idee der Arbeit

Die Trainingsgruppe, für die ich die Verantwortung übernahm, bestand aus 15 Jungen und Mädchen von 5-7 Jahren, die jede Woche einmal eine Stunde Training hatten. Diese waren Schwimmanfänger, die zuvor in einem einjährigen Schwimmkurs die Kraul- und Rückenbeinbewegung gelernt hatten und somit schon an das Wasser gewöhnt waren. Allgemein war es eine sehr quirlige und lernbereite Gruppe, die mit Freude trainiert hat und mir durch eine gute Disziplin das Trainieren auch nicht erschwerte. Mein Ziel als Trainer für die Gruppe war es, die Wasserlage noch zu verbessern, die Ausführung der beiden Beinbewegungen zu vervollkommnen und zusätzlich die Rückengesamt- und Brustgesamtbewegung einzuführen, was eine sehr große Herausforderung für mich, als angehenden Trainer, und natürlich auch für die Kinder darstellte. Die theoretischen Kenntnisse über die verschiedenen Schwimmarten und auch über vielseitige koordinative Übungen, die das Erlernen erleichtern sollten, hatte ich durch jahrelanges Training im Leistungssportbereich, aber es gab eine große Schere zwischen retardierten und akzelerierten Kindern, was die Durchführung des Training für mich sehr erschwerte, da die Frühentwickler nicht unterfordert und die Spätentwickler nicht überfordert werden durften und weil auch die Ausdauerleistungen auf einem sehr unterschiedlichen Niveau waren. Die retardierten Kinder konnten größtenteils in die motorische Entwicklungsphase des Vorschulalters eingeordnet werden, der Rest in die Phase des frühen Schulkindalters.[1] Wobei das Vorschulalter als „Phase der Vervollkommnung vielfältiger Bewegungsformen und der Aneignung erster Bewegungskombinationen"[2] und das frühe Schulkindalter als „Phase schneller Fortschritte in der motorischen Lernfähigkeit"[3] zusammengefasst wird. Das bedeutete für mich als Trainer mich an das unterschiedliche Lerntempo anzupassen, jedoch wusste ich durch meine fehlende Erfahrung nicht welche koordinativen Übungen für die verschiedenen Entwicklungsphasen zur Erlernung der einzelnen Schwimmarten geeignet sind und wie die konditionellen Fähigkeiten davon abhängen.

Das Ziel meiner Arbeit ist es daher, die Eignung der koordinativen Übungen und die Differenzierung, die ich unter den Kindern vornehmen muss, zu untersuchen und zu Entscheiden welche Übungen wirklich wirksam für das Erlernen einer Schwimmart sind. Als „Leitfaden" benutzte ich ein Zitat von Gunther Frank: „Es ist nie zu früh mit der Entwicklung

---

[1] vgl. Meinel, et al., 1975, S. 319, 333
[2] Meinel, et al., 1975, S. 319
[3] Meinel, et al., 1975, S. 333

der koordinativen Fähigkeiten zu beginnen."[1] Das bedeutete für mich, dass ich viele verschiedene Übungen ausprobieren konnte und dass es sich nur positiv auf die motorische Entwicklung der Kinder auswirken konnte.

---

[1] Frank, 2008, S. 19

4. Ausbildung und Entwicklung der koordinativen Fähigkeiten

4.1. Begriffserklärung: koordinative Fähigkeiten

„Koordinative Fähigkeiten sind eine Klasse motorischer Leistungsvoraussetzungen, die primär informationell determiniert, d. h. durch die Prozesse und Funktionen der Handlungssteuerung und –regulation, bedingt sind." (Hartmann, Minow, & Senf, 2011, S. 245)

Früher war nur eine koordinative Fahigkeit – die Gewandtheit bekannt. [1] „Sie wurde ziemlich komplex und allgemein als „Fähigkeit zur schnellen und zweckmäßigen Lösung motorischer Aufgaben" definiert. [...] Blume (1978) legte mit seiner Forschergruppe ein Konzept der sieben koordinativen Fähigkeiten vor, das aus den Anforderungen der verschiedenen Sportarten und Disziplinen abgeleitet wurde und in einem hohen Maße sportpraktische Relevanz aufweist. Zu den koordinativen Fähigkeiten gehören die

- Orientierungsfähigkeit,
- Kopplungsfähigkeit,
- Differenzierungsfähigkeit,
- Gleichgewichtsfähigkeit,
- Rhythmisierungsfähigkeit,
- Reaktionsfähigkeit und
- Umstellungsfähigkeit." (Hartmann, Minow, & Senf, 2011, S. 245)

---

[1] Meinel, et al., 1975, S. 197

6

4.2. Bedeutung der Koordinativen Fähigkeiten für das Schwimmen

Die koordinativen Fähigkeiten sind neben der Kondition, Kognition und Emotion/Motivation einer der vier Teile der Handlungsfreiheit, nach dem Vier-Komponenten-Ansatz von Hirtz und Hummel (1990). [1] Sie haben also nicht nur eine entscheidende Bedeutung für das Schwimmen, sondern allgemein für jede einzelne menschliche Handlung.

Im Schwimmen hat das Niveau der koordinativen und konditionellen Fähigkeiten eine besondere Bedeutung, da sie leistungsbestimmend sind.

Im Schwimmen ist die Wichtigkeit der einzelnen koordinativen Fähigkeiten unterschiedlich verteilt. Die Gleichgewichtsfähigkeit spielt hier zum Beispiel keine so große Rolle, wie zum Beispiel bei Spielsportarten, denn das Gleichgewicht an sich, muss nur auf dem Startblock gehalten werden. Am wichtigsten schätze ich hier die Kopplungsfähigkeit ein, denn diese ermöglicht es dem Schwimmer, eine Arm- und eine Beinbewegung zu einer Gesamtschwimmbewegung zu kombinieren. Außerdem ist die Rhythmisierungsfähigkeit wichtig, denn sie ermöglicht, dass die Gesamtbewegung fließend ausgeführt wird und dass es somit zu keinem erhöhten Wasserwiederstand kommt. Die Umstellungs- und Orientierungsfähigkeit sind beide entscheidend für gute Wenden im Wasser, wobei Erstere auch nötig ist, um sich beim Lagenschwimmen schnell auf eine andere Schwimmart umzustellen oder Zwischenspurts durchzuführen. Deshalb erhöht sich ihre Bedeutung, wenn auf einer 25m-Bahn geschwommen wird. Die Reaktionsfähigkeit, die es ermöglicht, schnell auf ein äußeres Signal wie dem Startsignal, zu reagieren und ist deshalb bei den Sprintdisziplinen von größerer Bedeutung, als beim Langestreckenschwimmen.

---

[1] in Schega & Pabst, 2006, S. 11

4.3.Vorschulalter

Das Vorschulalter beschreibt die Entwicklungsphase von Kindern zwischen dem 3. und 7. Lebensjahr und endet ca. mit dem Eintritt in die Schule. [1]

4.3.1 Allgemeine motorische Entwicklung

Das Vorschulalter kennzeichnet die Phase der Vervollkommnung vielfältiger Bewegungsmuster und der Aneignung erster Bewegungskombinationen. [1]

Bewegungsabläufe verbessern sich qualitativ, die Leistungssteigerung quantitativ und auch die variable Verfügbarkeit nimmt zu. [2]

Die Bewegungen werden kraftvoller, großräumiger und schneller, sodass die kleinkindliche Bewegungsführung zum Ende der Phase hin verschwindet und Ausdauer und Beweglichkeit verbessern sich. Merkmal des Bewegungsverhaltens ist ein ausgeprägtes Bewegungsbedürfnis bei gesteigerter Zielstrebigkeit und Beständigkeit[3], was einen guten Rahmen für das Beginnen des sportlichen Trainings bietet.

Das Niveau der Reaktionsfähigkeit bleibt niedrig. [4]

4.3.2 Ausbildung und Entwicklung einzelner koordinativer Fähigkeiten

In diesem Alter erreicht die Gleichgewichtsfähigkeit ein hohes Niveau[5] und die Rhythmisierungsfähigkeit bildet sich heraus[2], sodass die Kinder auf akustische Reize ansprechbar werden.

Auch die Kombinations- bzw. Kopplungsfähigkeit entwickelt sich, aber auch nur dahingehend, wie sich die Einzelfertigkeiten, die miteinander verbunden werden sollen, sich verbessern und die Antizipationsfähigkeit nimmt zu[4], was besonders wichtig für das Training der Ballsportarten ist. Kommt es vor dem Schuleintritt zu einem mehrjährigen, bildungswirksamen Training, so kann das Niveau der Kombinationsfähigkeit weit über dem durchschnittlichen Bereich liegen[5].

---

[1] vgl Meinel, et al., 1975, S. 319
[2] vgl Meinel, et al., 1975, S. 331
[3] vgl Meinel, et al., 1975, S. 332
[4] vgl Meinel, et al., 1975, S. 229
[5] vgl Meinel, et al., 1975, S. 330

4.4. Frühes Schulkindalter

Das frühe Schulkindalter beschreibt die Entwicklungsphase von Kindern zwischen dem 7. Und 10. Lebensjahr beginnt ca. mit dem Eintritt der Kinder in die Schule und endet mit der dritten Klasse. [1]

4.4.1. Allgemeine motorische Entwicklung

In diesem Alter verändern sich die Umweltbedingungen der Kinder, da sie nun sehr viel Zeit für das Lernen und erfüllen der Pflichten, die mit dem Besuch der Schule einhergehen, aufbringen müssen. Die Merkmale des Bewegungsverhaltens sind eine ausgeprägte Lebendigkeit oder Mobilität und die Ansprechbarkeit für sportliche Leistungsanforderungen und auch mit einer Fluktuation, also Schwankung oder Veränderung, der Aufmerksamkeit bzw. der Konzentrationsfähigkeit muss gerechnet werden. [2]

Mir ist auch aufgefallen, dass die Kinder zwar sehr lernbereit sind, aber auch schnell die Lust verlieren, wenn sie nicht genügend ausgelastet, oder gefordert werden.

Die motorische Lernfähigkeit nimmt stark zu, weshalb die Bewegungen auch zunehmend differenzierter ausgeführt werden. [3]

Es entstehen auch erstmals geschlechtsspezifische Unterschiede. [4] Dem Trainer sollte deshalb bewusst sein, dass Mädchen dieser Entwicklungsphase teilweise größere Probleme bei der Ausführung von Bewegungsabläufen haben als Jungen.

4.4.2. Ausbildung und Entwicklung einzelner koordinativer Fähigkeiten

Durch das schnelle zunehmen der motorischen Lernfähigkeit entwickelt sich motorische Steuerungsfähigkeit und die Kopplungsfähigkeit. Am Ende dieser Entwicklungsphase ist die Kopplungsfähigkeit sehr viel besser ausgeprägt als zu Beginn und es erfolgt ein großer Sprung im Leistungsstreben und Leistungskönnen.

---

[1] vgl Meinel, et al., 1975, S. 333
[2] vgl Meinel, et al., 1975, S.334
[3] vgl Meinel, et al., 1975, S.335
[4] vgl Meinel, et al., 1975, S.336

9

Auch die Differenzierungsfähigkeit bildet sich heraus, was bedeutet, dass die Kinder variabler werden und deshalb alte Bewegungsmuster mehr optimieren können. .[1]

Weiterhin entwickelt sich Rhythmisierungsfähigkeit. Diese kann in zwei Perioden unterschieden werden. Die erste geht ca. vom 1. bis zum 2. Schuljahr und beschreibt damit genau das Alter, indem sich meine älteren Sportler befinden. Diese ist durch eine vorerst geringe rhythmische Erfassungs- und Darstellungsfähigkeit und eine starke Streuung der Zuordnung von Bewegungsrhythmus und akustischen Rhythmus gekennzeichnet. .[2]

---

[1] vgl Meinel, et al., 1975, S.335
[2] vgl Meinel, et al., 1975, S.336/337

5. Koordinative Übungen

„Ein Training mit Kindern und Jugendlichen muß allgemein und vielseitig, gründlich und variantenreich, abwechslungsreich und attraktiv sein." (Joch, 1992)

Diese Auffassung habe ich mir als Leitsatz für mein Training gesetzt und auch versucht so gut wie möglich zu verwirklichen, da ich aus eigener Erfahrung weiß, wie stark negativ sich ein eintöniges Training auf die Motivation und den Trainingswillen und letztendlich auch auf die sportlichen Leistungen der Kinder auswirken kann. Außerdem bin ich der Meinung, dass eine neue Schwimmart am besten gelernt werden kann, wenn man schrittweise mit koordinativen Übungen mit einzeln gesetzten Schwerpunkten arbeitet. Auch im Hochleistungstraining wird zur Verbesserung der Technik auf koordinative Übungen zurückgegriffen.

Die Übungen die mir selbst während meiner sportlichen Karriere erlernt habe, habe ich nun versucht in meinem Anfängertraining richtig einzusetzen. Um sie systematisch erläutern zu können, habe ich die Einteilung der koordinativen Übungen von Gunter Frank[1] in:

- Koordinationsformen
- Kombinationsformen
- Korrekturformen
- Wassergefühlsübungen
- Kontrastformen
- Spielformen
- und Partner- und Gruppenübungen   übernommen.

Für die Ausführung der unterschiedlichen Formen werden verschiedene koordinative Fähigkeiten benötigt und trainiert.

Nach dieser Einteilung gibt es einige Überschneidungen, sodass Übungen in mehrere verschiedene Kategorien eingeteilt werden können.

---

[1] vgl. Frank, 2008, S.44, Abb.8

5.1. Koordinationsformen

5.1.1. Begriffserklärung

Durch den Einsatz von Koordinationsformen wird die Befähigung angestrebt, bestimmte Bewegungsmuster schneller zu erlernen und mit diesen gezielter umzugehen. Wichtig dabei ist es, dass stets auf eine korrekte Ausführung geachtet wird, damit keine falschen Automatismen erlernt und somit gefestigt werden. Anpassungsvorgänge von technischen Bewegungsabläufen, werden in durch die Steuerung von den Extremitäten und durch das Zusammenspiel von Teilkörperbewegungen ausgebildet. Grundsätzlich ist immer zu beachten, dass die Koordination immer im engen Zusammenhang mit der Kondition steht. [1]

„Die Stabilität einer jeden motorischen Leistung im Sport bedeutet Koordination plus Kondition" (Israel, 1976) Die Aussage dessen besteht darin, dass sowohl Koordination als auch Kondition Grundlage für alle weiteren motorischen Leistungen ist.

Das Zusammenspiel zwischen Kondition und Koordination, der damit verbundenen Technik, ist so zu erklären, dass bei einer korrekten Technik die vorhandene Kondition besser genutzt werden kann. Durch diese kommt es zu einer Verträglichkeitssteigerung von Belastung, weil das energetische Potenzial effektiver genutzt werden kann und damit eine spätere Ermüdung ermöglicht wird. Die spätere Ermüdung trägt ebenfalls dazu bei, dass ein Technikabfall vermieden wird bzw. dass es trotz bestimmter Ermüdungserscheinungen der Technikabfall relativ gering gehalten wird. Außerdem wird durch den regelmäßigen Übungseinsatz der Koordinativen Fähigkeiten Monotonie vermieden, eine verbesserte Gesamtkörperentwicklung erreicht, das Training auf kognitive,[2] sowie mentale Fähigkeiten ausgeweitet. Die wichtigste Maxime dabei ist, dass es kein Training geben darf, bei dem es zu keiner koordinativ, technischen Schulung[3], welche ich auch in jedem Training verwirklicht habe.

---

[1] vgl. Frank, 2008, S.47
[2] vgl. Frank, 2008, S.47
[3] vgl. Frank, 2008, S.48

5.1.2. Übungen

Zu den Koordinationsformen werden demnach sämtliche Beinschlagformen für alle Schwimmtechniken gezählt. Sie bilden den Schwerpunkt des Anfängertrainings, da der Beinschlag Grundstein der Ausführung einer guten Technik ist. Er dient zum Einen als Antrieb und ist zum Anderen entscheidend für das Halten der Wasserlage. Da das Erlenen der Rücken- und Brustschwimmens Trainingsziel meiner Trainingsgruppe ist, spielt die richtige Technik der Rücken- und Brustbeine eine bedeutende Rolle. Die Kraulbeintechnik wird ebenfalls geübt, aber nur für die Stabilisierung und Orientierung des Körpers im Wasser.

Um die Beinarbeit zu erlernen bzw. zu verbessern werden verschiedene Beinschlagformen genutzt. Diese Teilen sich in Formen mit Hilfsmittel, in unserem Fall das Schwimmbrett, und Formen ohne Hilfsmittel. Alle Übungen, außer Die in Seitlage, sind nach Frank (2008) für die Altersklasse meiner Kinder geeignet.[1]

Koordinationsformen für das Rückenbeineschwimmen ohne Hilfsmittel die ich mit meinen Sportlern trainiert habe sind zum einen Formen in der Rückenlage. Dabei werden die Arme gestreckt hinter den Kopf geklemmt bzw. je nach Beweglichkeit der Kopf zwischen die Arme genommen und die Hände übereinander geschlagen oder nach unten am Körper gestreckt gehalten. Diese Übungen verwende ich am häufigsten im Training. Erstere ist von besonderer Bedeutung, da sie in der Altersklasse auch im Wettkampf geschwommen wird. Außerdem ist sie die beste Vorbereitung auf die Gesamtbewegung. Bei ihr ist zu beachten, dass die Füße gestreckt sind, die Beine möglichst nicht mehr als 30° gebeugt werden und die Bewegung somit größtenteils aus dem Rumpf kommt. Außerdem muss der Rumpf Anspannung der Bauch- und Rückenmuskulatur gestreckt sein um die hohe, wiederstandloseste Wasserlage zu halten. Für die Stromlinienform oder Pfeilform herzustellen müssen die Arme über den Kopf gestreckt werden und den Kopf umschließen. Am besten ist es die Hände übereinanderzulegen, damit der Sportler den geringsten Widerstand Im Wasser hat und das Wasser optimal am Körper entlang geleitet wird. Zu Beginn des Trainingsjahres war häufig bei den Sportlern zu beobachten, dass die Arme nicht ordentlich gestreckt waren, und damit den Kopf nicht richtig im Wasser lag, die Knie zu sehr gebeugt wurden, der Rumpf aufgrund mangelnder Körperspannung nicht gestreckt wurde und vereinzelt sogar die Füße nicht gestreckt wurden. Durch Beweglichkeitstraining und allgemeine Stärkung der Muskulatur hat sich die Haltung der Arme und Wasserlage, durch Streckung des Rumpfes, stark verbessert. Auch die übermäßige Beugung in den Knien, die von meinem alten Trainer übertrieben als

---

[1] vgl. Frank, 2008, S. 161

13

"Radfahren" beschrieben wurde, hat sich stark verbessert, weil die Kinder selbst bemerkten, dass die Bewegung, wenn sie vorrangig aus dem Rumpf ausgeführt wird, viel schneller und kraftvoller ist. Bei den einzelnen Sportlern, die Probleme mit der Fußstellung hatten, hat es sehr lange gedauert, ehe dieser Fehler behoben werden konnte. Mit zunehmender Trainingserfahrung verbesserte sich aber auch das, da sie irgendwann selbst feststellen konnten, dass sich mit ge- bzw. besser sogar überstrecktem Fuß mehr Wasser bewegen lässt. Ich habe versucht diesen Fehler durch Erklärungen an Land und Training der Fußbeweglichkeit zu beheben, aber für die Trainingsanfänger ist die Umsetzung im Wasser dann doch bedeutend schwerer, als ich vorher dachte.

Bei der anderen Rückenbeineform ohne Hilfsmittel in Rückenlage sind die Technikanforderungen der Beine gleich, nur dass durch die lockerere Haltung der Arme am Körper, der Kopf einen größeren Wasserwiderstand bildet. Wichtig ist hier auch die Streckung des Rumpfes zu beachten, da viele Kinder dazu neigen, sich im Wasser durchhängen zu lassen. Dadurch, dass die Arme ihnen bei der Stabilisierung des Körpers und Erhaltung der Wasserlage zu halten fühlen sie sich sicherer im Wasser und neigen häufig dazu nachlässig bei der Ausführung zu werden. Ich finde die Übung aber sehr wichtig, da sie das Selbstvertrauen der Trainingsanfänger im Wasser steigert und sie merken, dass sie keine großen Bewegungen ausführen müssen, um sich über Wasser zu halten.

Zusätzlich zu den Übungen in Rückenlage ohne Hilfsmittel habe ich mit den Kindern auch den Wechselbeinschlag in Seitlage geübt. Dabei liegt der Sportler auf der Seite im Wasser, der Kopf liegt auf dem Arm, der dem Boden des Schwimmbeckens zugeneigt ist, der andere Arm liegt ausgestreckt auf dem Körper und ein normaler Wechselbeinschlag wird ausgeführt. Besonders ist zu beachten, dass bei der Übung zur Seite das heißt durch Drehung des Kopfes zur Seite geatmet werden muss. Außerdem muss der Körper anders im Wasser gehalten werden. Es werden vor allem die seitlichen Bauchmuskeln beansprucht. Hier ist außerdem die kraftvolle Ausführung des Beinschlags entscheidend zur Erhaltung der Wasserlage. Deshalb gestaltete sich die Ausführung der Übung für die Kinder schwerer als ich dachte. Meist hing der Körper im Wasser durch und/oder der Beinschlag war nicht kräftig genug um sich über Wasser zu halten. Auch mit der Atmung gab es Probleme, da es das erste Mal war, dass zur Seite geatmet werden musste. Häufig haben die Kinder sich komplett aufgerichtet oder die Lage verlassen um zu atmen. Durch diese Schwierigkeiten habe ich diese Übung erst zum Ende des Trainingsjahres hin benutzt, was aber kein Problem darstellte, da sie erst für das Erlernen des Kraulschwimmens eine Bedeutung hat. Am Ende des Jahres fiel die Ausführung

den meisten Kindern leichter, aber für die jüngeren Kinder gab es immer noch große Schwierigkeiten. Ihnen fehlte immer noch die Kraft im Rumpf und auch in den Beinen, um sich selbst richtig im Wasser halten zu können. Deshalb schätze ich sich für die Altersgruppe des Vorschulalters als ungeeignet ein. Für die älteren Kinder, die der Gruppe des frühen Schulalters zugeordnet werden können, ist sie aber möglich, wenngleich sie auch eine Herausforderung, durch die Komplexität der Bewegung, ist.

Koordinationsformen für das Rückenbeineschwimmen mit Schwimmbrett habe ich eher selten benutzt, da das Brett die Ausführung der Übungen erleichtert und somit am besten für das Neuerlernen der Bewegung geeignet sind. Zu Anfang des Trainingsjahres, als ich die Kinder und deren Trainingszustand feststellen musste, habe ich zwei Übungen mit Brett eingesetzt, auch zur Wiederholung der Bewegung aus dem vorangegangenem Trainingsjahr und der Wiedergewöhnung an das Wasser. Bei der ersten Übung wird das Brett hinter den Kopf auf das Wasser gelegt. Dadurch wird der Kopf über Wasser gehalten und das Halten der Wasserlage erleichtert. Außerdem kann sich am Brett festgehalten werden und auf die Beinbewegung selbst beobachtet werden. Die Selbstbeobachtung ist sehr wichtig, damit die Kinder die Bewegung an sich sehen können und dann sich gegebenenfalls selbst korrigieren können (siehe Korrekturformen). Zu beachten ist, dass der Kopf trotz des Brettes gerade bleibt. Häufig neigen die Kinder das Kinn zur Brust und können dann die Wasserlage nicht mehr halten, da sie auch im Rumpf abknicken und "im Wasser sitzen". Bei der zweiten Übung wird das Brett ausgestreckt nach unten gehalten. Auch hier erleichtert das Brett die Haltung im Wasser, wodurch die Kinder sich sicherer fühlen. Der Kopf sollte ebenfalls gerade im Wasser liegen, damit der Rumpf gestreckt und stabil im Wasser liegt und der Wasserwiderstand gespürt werden kann. Für die Rückengesamtbewegung habe ich sehr viele Koordinationsformen verwendet, da das Rückenschwimmen einer der Hauptschwerpunkte des Trainingsjahrs darstellt und ich auch selbst, durch Erfahrungen aus meiner sportlichen Karriere, diese als sehr effektiv einschätze.

Eine der Übungen, die ich zu Beginn des Trainingsjahres sehr häufig verwendet habe, ist das einarmige Rückenschwimmen. Hierbei gibt es zwei Variationen. Bei der Ersten wird der Arm der nicht bewegt wird nach unten ausgestreckt und an den Körper angelegt. Die Beinbewegung wird normal ausgeführt. Diese Übung ist einer der wenigen Koordinationsformen, die Gunther Frank für diese Altersklasse empfiehlt.[1] Bei dieser Übung ist es wichtig, darauf zu achten, dass eine Rumpfdrehung bei jedem Armzug erfolgt, das heißt,

---

[1] vgl. Frank, 2008, S.167

dass der Rumpf nicht gerade und verkrampft gehalten werden darf und dass der Sportler sich bei jedem Armzug ein wenig zu der Seite drehen muss, auf der der Armzug erfolgt. Meine Sportler meisterten diese Übung sehr gut. Am Anfang trat vor allem bei den kleineren Kindern, die noch in der früheren Entwicklungsphase des Vorschulalters waren, das Problem der Verkrampftheit auf. Man hat ihnen sehr angemerkt, wie unsicher sie sich noch im Wasser fühlen und dass sie noch größere Probleme hatten sich selbst in einer guten Wasserlage zu halten. Im Laufe des Jahres hat sich Das aber sehr verbessert. Alle Kinder wurden sicherer im Wasser und trauten sich auch, in die Rumpfdrehung einzugehen. Ein weiteres Problem stellte das Aufrechterhalten der Beinbewegung dar. Vor allem die kleineren Kinder hatten sehr große Schwierigkeiten Arme und Beine voneinander unabhängig zu bewegen. Bei dieser Übung sollen die Kinder eigentlich auf die richtige Ausführung des Armzugs achten, doch wenn die Wasserlage durch einen kontinuierlichen Beinschlag nicht erhalten wird, ist es sehr schwierig für einen Trainingsanfänger sich auf die Ausführung des Armzugs zu konzentrieren. Dieser teilt sich auf in Druck- und Rückholphase. Bei der Rückhol- bzw. der Überwasserphase soll darauf geachtet werden, dass der Arm gestreckt geführt wird und nah am Kopf eingesetzt wird. Dabei sollte die Hand so gedreht werden, dass der kleine Finger zuerst eintaucht und im Wasser sofort mit Zug beginnen kann. Die Druckphase beginnt mit dem Eingehen der Ellenbogenvorhalte. Danach wird, mit Hand entgegengesetzt der Schwimmrichtung, der Arm nah am Körper gezogen, dass so viel wie möglich Druck erzeugt werden kann. Die Druckphase ist erst beendet, wenn der Arm nach unten an der Hüfte gestreckt anliegt und der Arm wieder aus dem Wasser gehoben wird, womit die Rückholphase wieder beginnt. Am Ende des Jahres konnten alle Sportler, egal ob Entwicklungsphase des Vorschul-oder frühen Schulkindalters, diese Technikvorgabe verwirklichen. Diese Übung zeigte sich sehr nützlich und ich schätze sie als sehr geeignet und hilfreich für Kinder beider Entwicklungsphasen ein. Die zweite Variation dieser Übung zeigte sich als etwas problematischer. Hier wird der Arm der nicht gezogen wird, nah am Kopf ausgestreckt auf das Wasser gelegt und dort gehalten. Diese Übung dient somit nicht nur für das Erlernen der Rückenarmbewegung, sondern auch für die Kräftigung der Rückenmuskulatur. Als Problem stellte sich heraus, dass um den Arm zu halten und gleichzeitig den Armzug mit dem anderen Arm durchzuführen, sowohl Kraft als auch eine gewisse Schulterbeweglichkeit vorhanden sein muss, die viele Kinder nicht haben. Der gehaltene Arm kann durch die fehlende Beweglichkeit und Kraft nicht am Kopf gehalten werden und stellt somit einen sehr großen Wasserwiderstand her. Auch die Aufrechterhaltung der Wasserlage durch einen kontinuierlichen, kraftvollen Beinschlag, war wieder eine Schwierigkeit. Die Kinder des Vorschulalters hatten so große Probleme damit, sich richtig im

Wasser zu halten, dass ich diese Übung für sie nicht mehr in das Training eingebracht habe, weil ich sie als noch zu anspruchsvoll und ungeeignet für diese Entwicklungsphase ansehe. Die restlichen Sportler ließ ich diese Übung durchführen und im Laufe des Trainingsjahres verbesserte sich die Ausführung sehr deutlich, da durch das kontinuierliche Training sowohl die Beweglichkeit, als auch die Kraft in der Schulter- und Rückenmuskulatur sich sichtbar verbesserte. Ich finde, dass die Übung sich trotz der anfänglichen Schwierigkeiten für die Entwicklungsphase des frühen Schulkindalters eignet. Sie zeigt sehr deutlich den Trainingszustand und die Probleme an denen noch gearbeitet werden muss.

Eine weitere Koordinationsform für die Rückengesamtbewegung ist das Schwimmen in Zeitlupe. Hier soll die Gesamtbewegung perfekt mit sehr niedriger Frequenz ausgeführt werden und alle Technikhinweise realisiert werden. Der Beinschlag kann bei den Kindern natürlich nicht in Zeitlupe ausgeführt werden, da diese noch nicht ohne ihn die Wasserlage nur durch die Rumpfmuskulatur halten können. Selten haben Kinder den Beinschlag vergessen, da sie sich nur auf die Arme konzentriert haben und hatten dann Probleme bei der Haltung im Wasser. Für mich erstaunlich war, dass alle Kinder versucht haben, sich auf alle Technikschwerpunkte zu konzentrieren und das auch sehr gut realisieren konnten. Am Anfang hatten manche Sportler noch eine so hohe Frequenz, dass es wie normales Rückenschwimmen aussah, aber nach kurzen Hinweisen darauf, korrigierten die Kinder sich selbst. Diese Übung zeigt mir als Trainer sehr deutlich welche Technikschwerpunkte sich bei den Kindern verinnerlicht haben und welche noch wiederholt werden müssen. Außerdem hat sie für die Sportler auch einen gewissen Spaßfaktor. Am Ende des Jahres, nach dem vielen Techniktraining, sah die Ausführung der Übung sehr sehr gut aus, das heißt der Sportler hatte einen kontinuierlichen Beischlag, hat Druck- und Rückholphase technisch sauber ausgeführt und den Rumpf bei jedem Armzug gedreht hat.

Das Rückengleichlag-schwimmen mit Rückenbeinen sehe ich auch als eine Koordinationsform für das Rückengesamtschwimmen an. Bei dieser Übung werden die Arme gleichzeitig, bei normalem Beinschlag, geführt. Die Ausführung jedes Armzugs ist wie in der Gesamtbewegung. Hier ist aber eine erhöhte Schulterbeweglichkeit nötig, weil die Arme gleichzeitig gestreckt eingesetzt werden müssen und gleichzeitig in die Ellenbogenvorhalte eingehen müssen. Dadurch, dass die Beweglichkeit bei den meisten Sportlern noch nicht so gut war, setzten sie die Arme zu weit entfernt vom Kopf ein und erzeugten einen sehr hohen Widerstand, wodurch sie sich ausbremsten. Ein weiteres Problem ergab sich, da in der Rückholphase keinerlei Vortrieb mit den Armen besteht, weshalb manche Sportler durch zu

wenig Beinarbeit bzw. Stabilität im Rumpf in sich zusammen sackten. Im Laufe des Jahres verbesserte sich die Ausführung sehr bei allen Sportlern. Obwohl die Kleineren unter ihnen teilweise noch Probleme beim Erhalten der Wasserlage hatten, schätze ich die Übung als geeignet für Kinder beider Entwicklungsphasen ein und habe sie deshalb sehr häufig im Training verwendet. Eine Variation für das Rückengleichschlag-schwimmen mit Rückenbeinen ist, dass die Kinder in der Rückholphase einmal in der Luft mit den Händen klatschen. Diese kleine zusätzliche koordinative Aufgabe hat meinen Sportlern sehr viel Spaß gemacht und sie mehr auf die Übung motiviert, weshalb ich diese auch häufiger in das Training eingebracht habe.

Eine sehr geläufige Koordinationsform für das Rückenschwimmen ist die Rückenstrecklage- bzw. Rücken-Hand-über-Hand-Übung. Diese Übung habe ich sehr oft in das Training eingebracht, da ich auch aus eigener Erfahrung wusste, dass sie schon im Anfängertraining sehr häufig, für das Erlernen einer guten Rückentechnik, eingesetzt wird. Bei dieser Übung werden, bei normaler, kontinuierlicher Beinarbeit, die Arme abwechselnd gezogen. Ein Arm führt immer einen Rückenarmzug aus, während der Andere nach oben gestreckt und nah am Kopf auf dem Wasser liegt. Der zu ziehende Arm klatscht dann über dem Kopf den liegenden Arm ab, woraufhin dieser mit dem Zug beginnt und der Andere auf dem Wasser liegen bleibt. Bei dieser Übung ist auf die Rumpfdrehung bei jedem Zug zu achten. Mir fiel beim Training auf, dass wieder das Halten des Armes über dem Kopf eine große Schwierigkeit, vor allem für die kleineren Kinder darstellte. Die Beinarbeit und Rumpfdrehung verbesserte sich mit zunehmendem Üben. Wegen der Halteprobleme habe ich die Übung nur für die kleineren Kinder etwas variiert. Sie sollten dann anstelle vom Abklatschen und Halten über dem Kopf, den Arm der nicht den Zug ausführt, nach unten am Körper ausgestreckt halten. Das Abklatschen erfolgt dann an der Hüfte. Diese Variation beherrschten viele schon auf Anhieb, auch mit guter Technik, weshalb dann auch die kleineren Kinder ca. in der Hälfte des Trainingsjahres in die schwierigere Übung mit dem Halten der Arme eingestiegen sind und des dann auch prompt sehr viel besser machten als am Anfang. Ich schätze deshalb diese beide als geeignet für Kinder des frühen Schulkindalters ein. Für Kinder des Vorschulalters sind auch beide, je nach der Trainingserfahrung, möglich.

Eine letzte Koordinationsform die ich für die Rückengesamtbewegung eingesetzt habe ist die 1-2-3-Übung. Hier werden immer abwechselnd mit den Armen, bei normalem Beinschlag, 1, 2 bzw. 3 Armzüge gemacht. So wird zum Beispiel mit dem rechten Arm ein Zug ausgeführt, dann mit dem Linken 2 und mit Rechten 3, woraufhin der linke Arm wieder mit einem Zug

beginnt. Der andere Arm wird nach unten am Körper ausgestreckt, damit keine Halteprobleme mehr entstehen und die Sportler sich auf das Zählen der Armzüge und eine gute Armzugtechnik konzentrieren können. Die Ausführung der Übung war am Anfang von sehr unterschiedlicher Qualität, da die zusätzliche mentale Aufgabe für Manche ein Problem darstellte und sie sich ständig verzählt haben und sich dadurch verhaspelt haben. Diese Probleme legten sich aber durch mehrfaches Üben, da ich diese Übung als machbar und geeignet für beide Entwicklungsgruppen eingeschätzt habe und deshalb auch oft in das Training eingebaut habe. Am Ende des Trainingsjahres haben alle Kinder die Übung technisch sauber ausführen können.

Die von mir eingesetzten Koordinationsformen für das Brust- und Freistilbeineschwimmen ähneln sich vom Einsatz der Hilfsmittel. Bei beiden Beinbewegungen habe ich nur Übungen mit dem Brett verwendet, da ich für meine Kinder das Halten einer guten Wasserlage nur durch die Beinarbeit in Bauchlage ohne Hilfe noch als zu schwer eingeschätzt habe. Das Brett kann einmal am vorderen Ende umfasst werden und gestreckt vor dem Körper gehalten werden oder unter dem Körper gehalten werden. Die zweite Haltung vereinfacht die Übung sehr, da das Brett die Wasserlage hält. Da die Kraulbeinschlagbewegung bzw. der Wechselbeinschlag den Sportlern schon aus dem vorherigen Trainingsjahr bekannt war, gab es bei der Ausführung kaum Probleme. Nur Teilweise wurden du Knie zu sehr gebeugt oder die Füße nicht richtig gestreckt. Das verbesserte sich aber bei allen durch vermehrtes Üben. Die Brustbeinbewegung wurde aber erst neu eingeführt, weshalb es hierbei noch sehr große Probleme am Anfang vor allem mit der Fußstellung, der gleichzeitigen und synchronen Ausführung der Beine und dem Halten einer geraden Wasserlage. Durch vermehrtes Üben, vor allem an Land (siehe 3.3.Korrekturformen), verbesserte sich die Ausführung sehr deutlich. Die Kinder der Entwicklungsphase des Vorschulalters hatten aber noch sehr große Probleme mit der gesamten Koordination. Ich ließ sie aber alle Übungen mitmachen, da ich es trotzdem als fördernd für sie einschätzte, die Brustbeinbewegung schon zu üben und da viele von ihnen im darauffolgenden Jahr in meiner Gruppe geblieben sind hatten sie noch ein Jahr mehr Zeit bis sie es gut beherrschen mussten. Allgemein sind aber diese Koordinationsformen für beide Entwicklungsgruppen geeignet.

Für das Brustgesamtschwimmen habe ich noch eine letzte Koordinationsform eingesetzt – die Bruststrecklage. Hier werden zu jedem Armzug zwei Beinschläge ausgeführt. Diese Übung hat sich sehr schnell als ungeeignet herausgestellt, weshalb ich auch gleich abgebrochen habe. Das größte Problem bestand darin, dass vor dem zweiten Beinschlag nicht geatmet werden

sollte und dass viele Kinder noch nicht genügend Vortrieb durch die Beinbewegung erzeugen konnten, weshalb sie fast im Wasser stehenblieben.

5.1.3 Allgemeine Schlussfolgerungen

Sehr viele Koordinationsformen haben sich als geeignet herausgestellt und wurden deshalb auch mehr im Training von mir eingesetzt als andere koordinative Übungen. Sie sind sehr abwechslungsreich und beanspruchen die Kinder auch mental, weshalb sie nützlich sind, um die Idee eines vielseitigen Trainings zu verwirklichen. Außerdem sind sie sehr gut zur Einführung neuer Schwimmarten einsetzbar und haben auch oft einen spaßigen Charakter, der die Kinder zusätzlich für das Training motiviert.

5.2. Kombinationsformen

5.2.1. Begriff

Die Kombinationsformen sind Formen des Kombinierens von verschiedenen Übungen und Schwimmtechniken und werden in den meisten Vereinen regelmäßig angewendet.[1] Hierbei ist der besondere Einsatz der Kopplungs- und Umstellungsfähigkeit vonnöten. „Die Kopplungsfähigkeit ist die Fähigkeit der räumlich-zeitlichen-dynamischen Koordination von Teilkörperbewegungen untereinander" (Schramm, 1987), welches genau den Charakter der Kombinationsformen darstellt. „Mit Anwendung der Übungsverbindungen wird der Begriffsbildung [...] teilweise nachgekommen, weil das optimale Zusammenspiel der Teilkörperbewegungen natürlich auch mit anderen koordinativen Übungen und Formen erreicht und gefördert werden kann." (Frank, 2008, S.66) Die Formen die ich im Training verwendet habe, lassen sich zur Optimierung mehrerer technische Parameter anwenden und sind vorrausschauend Grundlage, um beim Lagenschwimmen die schnellen Wechsel der Schwimmarten problemlos auszuführen.[2]

---

[1] vgl. Frank, 2008, S.66
[2] vgl. Frank, 2008, S.66

5.2.2. Übungen

Bei den Kombinationsformen werden Arm- und Beinbewegungen verschiedener Stile vermischt. Deshalb können sie nicht eindeutig den einzelnen Schwimmarten zugeordnet werden. Ich konnte sie auch erst dann im Training einsetzten, als die Kinder das Brustschwimmen erlernt hatten, da sonst keine Kombinationen möglich gewesen wären. Ich habe auch nur drei Übungen in das Training eingebaut – die Rückenarmbewegung und Rückengleichschlagarmbewegung mit Brustbeinen und das Hundepaddeln, welches ich aber eher zu den Übungen für das Wassergefühl zählen würde, da die Paddelbewegung keine Teilbewegung einer der Hauptschwimmarten ist. Ich habe diese Übung dort auch noch genauer beschrieben und erklärt (siehe 5.4.2.). Bei der Kombination der beiden Rückenarmtechniken mit der Brustbeinbewegung aufgefallen, dass viele Kinder nicht wussten, zu welchem Zeitpunkt des Armzugs sie den Brustbeinschlag einbauen sollten, weshalb sie oft in der Bewegung stoppten oder sich verhaspelten. Nach weiterem Üben verbesserte sich dieses Problem vor allem bei der Kombination mit der Rückengleichschlagarmbewegung, aber hier tauchte bei einigen Kindern wieder das Problem auf, dass sie in der Rückholphase in sich zusammen fielen. Der Beinschlag sollte bei dieser Übung aber genau dann ausgeführt werden, wenn die Arme sich in der Rückholphase befinden und angezogen werden, wenn sie gerade den Druck unter Wasser erzeugen, sodass kein „Leerlauf" ohne Vortrieb besteht. Nachdem ich die Kinder darauf hingewiesen habe, verbesserte sich die Ausführung bei allen Kindern deutlich. Bei der Kombination der Brustbeinbewegung mit der normalen Rückenarmbewegung waren die Rhythmisierungsprobleme noch größer, weil es dazu auch keine richtigen Technikvorgaben gibt. Die Kinder lagen sehr unruhig im Wasser, wenn sie viele Beinschläge ausführten, oder vergaßen die Beinbewegung fast gänzlich, aber auch das wurde bei allen besser. Deshalb schätze ich beide Übungen als geeignet für alle Kinder ein.

5.2.3. Allgemeine Schlussfolgerungen

Die Kombinationsformen sind besonders schwierige koordinative Aufgaben, da Bewegungen verschiedener Schwimmstile vermischt werden. Sie trainieren besonders die Umstellungsfähigkeit der Kinder und sind deshalb vorrausschauend auf das Lagenschwimmen sehr wichtig. Sie zeigen dem Trainer auch, ob die Sportler die erlernten Teilbewegungen so verinnerlicht haben, dass sie diese auch mit anderen Teilbewegungen verbinden können und

spiegeln somit auch den Stand der Kopplungsfähigkeiten wieder. Sie sollten deshalb auch schon in das Anfängertraining eingebaut werden.

5.3. Korrekturformen

5.3.1. Begriff

„Die Korrekturformen nehmen auf jeder Trainings- und Leistungsstufe im Schwimmen eine wichtige und zentrale Stellung ein. Sie dienen dem Trainer dazu, auf den aktuellen technischen Bewegungsablauf seiner Schützlinge einzuwirken und ihn nach biomechanischen Aspekten zu ökonomisieren."(Frank, 2008, S.71)

Besonders im Anfängertraining schätze ich sie als sehr bedeutend ein, da ich erfahrungsgemäß weiß, dass Technikfehler, die nicht gleich korrigiert wurden, langfristig sehr schwer zu beheben sind.

Außerdem „[beeinträchtigt] die ungenügende Beherrschung der verschiedenen Schwimmtechniken die Leistungsentwicklung […]." (Schramm, 1987), was für mich große Verantwortung bedeutete, da ich allen Kindern eine, auch längerfristige, Perspektive im Schwimmsport bieten möchte.

„Die Fehlerkorrektur ist ein Gradmesser für die Sachkenntnisse und das pädagogische Feeling eines Trainers."(Hotz, 1991) Damit beschreibt Hotz noch einmal meine Verantwortung, denn ich als Trainer muss die auftretenden Fehler durch meine Fachkenntnisse erkennen und dementsprechende Hinweise geben bzw. Übungen im Training einsetzten um diese zu beheben.

„Unter korrigieren versteht man alle Maßnahmen, die zur Beseitigung von Bewegungsfehlern, d.h. von Abweichungen vom angestrebten technischen Leitbild führen sollen."(Harre, 1982)

Um entstandene Fehler oder technische Nachlässigkeiten zu beseitigen, orientierte ich mich an drei dialektischen Empfehlungen von Gunther Frank: Hauptfehler müssen zuerst behoben

werden, Fehler müssen im nicht ermüdeten Zustand korrigiert werden und die Ursache der Fehler muss ergründet und dann behoben werden. [1]

5.3.2. Übungen

Die Korrekturformen sind in dem Sinne keine richtigen Übungen. Meist sind sie kleine Aufgaben, die die Kinder auf bestimmte Fehler bzw. Technikbesonderheiten hinweisen. Sie sind ein Mittel, dass die Kinder herausfinden, wie sie ihre Technik selbst verbessern und optimieren können. Ich habe sie neben den Koordinationsformen am häufigsten verwendet, vor allem für das, neu erlernte Brustschwimmen. Alle Aufgaben waren so gewählt, dass sie von mir beobachtete, auftretende Fehler ansprechen und, dass sie für alle Kinder geeignet sind und dem Trainingszustand so angepasst sind, dass niemand überfordert wird.

So habe ich zu Beginn des Trainingsjahres, beim Rückenbeineschwimmen mit dem Brett hinter dem Kopf, den Sportlern die Aufgabe gestellt, dabei auf ihre Beine zu schauen und zu beobachten, ob sie ihre Knie zu sehr beugen oder die Beine so tief im Wasser haben, dass man die Beinbewegung an der Wasseroberfläche nicht sieht. Daraufhin haben sich alle selbst korrigiert, was auch für mich als Trainer eine sehr große Erleichterung war, da ich nicht mehr jeden einzeln auf seine Fehler hinweisen musste. Als das Rückenschwimmen eingeführt wurde und einige Schwierigkeiten aufkamen, habe ich im Techniktraining auch einige Aufgaben zur Fehlerbehebung eingebaut. Um ihnen zu zeigen, dass weniger Wasserwiderstand entsteht, wenn der Arm nah am Kopf eingeführt wird, sollten die Kinder eine Bahn mit den Armen weit vom Kopf entfernt einsetzen und eine Bahn nah am Kopf. Dabei konnten sie den großen Unterschied merken und sich danach auch darüber austauschen. Da beim Rückengesamtschwimmen auch das Problem auftrat, dass mit den Händen zu sehr auf das Wasser geklatscht wurde, gab ich ihnen die Aufgabe leise zu schwimmen. Auch das Zeitlupenschwimmen zähle ich zu den Korrekturformen, da durch die langsame Bewegung die Kinder ihren Arm über Wasser beobachten konnten und auch Bewegungen wie die Rumpfdrehung übertreiben konnten. Um ihnen die Wichtigkeit des Armzugs für den Vortrieb zu zeigen, bekamen sie die Aufgabe bei jedem zweiten Armzug mit dem linken Arm an der Leine zu ziehen und um sie dazu zu bringen lang zu ziehen, sollten sie am Ende jeder Druckphase auf ihren Oberschenkel tippen.

---

[1] vgl. Frank, 2008, S.72, 73

Mit dem Einführen der Brustbeinbewegung war die Einbringung andere Korrekturformen nötig. So war das Üben an Land sehr wichtig. Entweder saßen die Kinder auf einem Brett auf dem Boden und konnten sich selbst bei der Ausführung der Beinbewegung beobachten oder lagen mit dem Oberkörper in Bauchlage und ließen die Beine richtig von mir führen. Als sie dann im Wasser die Bewegung übten, trat bei vielen der Fehler auf, dass sie keine Pause nach dem Schließen der Beine, also dem Ende eines Beinschlags, machten. Deshalb bekamen sie von mir die Aufgabe genau Das zu übertreiben und nach jedem Schließen einmal bis 3 zu zählen um diesem Fehler entgegen zu wirken.

Die einzige Übung, die ich für die Brustgesamtbewegung verwendet habe, die zu den Korrekturformen gezählt werden kann, ist die Bruststrecklage. Diese habe ich bei den Koordinationsformen schon erklärt und als ungeeignet für beide Entwicklungsphasen eingeschätzt (siehe 5.1.2.).

5.3.3. Allgemeine Schlussfolgerungen

Korrekturformen sind entscheidend für die Behebung von technischen Problemen oder Fehlern, deshalb sollten sie immer in das Techniktraining eingebracht werden. Außerdem bieten sie den Kindern eine Möglichkeit zur Selbstkorrektur und sich selbst über technische Aspekte auszutauschen. Sie müssen unbedingt altersbedingt angepasst werden, damit sie eine positive Wirkung, also die Behebung oder Verbesserung eines Fehlers, haben.

5.4. Übungen für das Wassergefühl

5.4.1. Begriff

Die Besonderheit bei den Übungen für das Wassergefühl liegt darin, dass alle koordinativen Fähigkeiten zur Ausführung benötigt werden.[1]

„Die koordinativen Fähigkeiten werden in ihrer mediumspezifischen Ausprägung auch als Wassergefühl bezeichnet." (Schramm, 1987)

---

[1] vgl. Frank, 2008, S.44, Abb.8

Das Wassergefühl kann nur durch vielfältige, langfristige Bewegungserfahrung entwickelt und ständig verbessert werden und ist untrennbar mit der sensorischen Differenzierungsfähigkeit verbunden, die mit dem Ansteigen der sportlichen Leistung zunimmt. [1]

Die Wassergefühlsübungen sollen den Schwimmer sensibilisieren, die individuell-ökonomischste und damit schnellste Fortbewegung im Wasser zu erfühlen, wozu z.B. auch Paddelübungen aus dem Synchronschwimmen einsetzbar sind. Langandauernde, gleichförmige Reize sind aber nur im Anfänger- und Fortgeschrittenenstadium hilfreich und sinnvoll das Wassergefühl zu verbessern. [2]

5.4.2. Übungen

Die Wassergefühlsübungen habe ich erst in der zweiten Hälfte des Trainingsjahres eingesetzt, da sie Sicherheit und Orientierung im Wasser als Voraussetzung haben und ich die Kinder auch nicht überfordern wollte. Mein erster Versuch eine Wassergefühlsübung einzusetzen scheiterte auch sehr deutlich. Ich ließ die Kinder „fußwärts paddeln". Diese Übung wird auch sehr gerne als „Badewanne" oder „tote Oma" bezeichnet und kann als Wassergefühlsübung für das Rücken- oder das Brustschwimmen eingeordnet werden. Hier soll der Sportler sich auf dem Rücken, mit Füßen in Schwimmrichtung, auf das Wasser legen und mit den Händen wie beim Brustarmzug vor dem Bauch paddeln und sich nur durch diese Armbewegung fortbewegen. Ich musste die Übung abbrechen, da keiner von den Sportlern sie richtig ausführen konnte. Keiner konnte sich selbst, ohne Beinbewegung im Wasser halten, sodass fast alle im Wasser „saßen". Außerdem wurden die Hände nicht so gegen das Wasser gestellt, dass ein Vortrieb entstand. Oft führten die Sportler einen Wechselbeinschlag aus, um sich über Wasser zu halten und schwammen dadurch in die entgegengesetzte Richtung. Deshalb habe ich die Übung auch nicht noch einmal verwendet, da ich sie nun als noch zu schwer und ungeeignet für meine gesamte Trainingsgruppe ansehe.

Zum Ende des Jahres versuchte ich noch einmal Wassergefühlsübungen in Form anderer Paddelaufgaben im Training zu verwenden, da nun die Kinder noch sicherer im Wasser waren. Alle nun durchgeführten Übungen erfolgten in Bauchlage mit einem Kraul- bzw. Wechselbeinschlag und es wird nach vorne aus dem Wasser geatmet. Die Arme werden nur

---

[1] vgl. Frank, 2008, S.127
[2] vgl. Frank, 2008, S.128

unter Wasser geführt. Sie sollen alle zum Freistilschwimmen hinführen. Nachdem die erste Übung – das Hundepaddeln – gut funktionierte, habe ich eine ganze Paddelserie mit drei weiteren Übungen, dem Entenpaddeln, Mississippidampfer und Scheibenwischer, daraus erstellt. Die 4 Übungen unterscheiden sich nur darin, wie die Arme geführt werden sollen. Beim Hundepaddeln und Entenpaddeln werden die Arme abwechselnd gezogen, bei den anderen beiden Übungen gleichzeitig. Beim Hundepaddeln wird abwechselnd vor dem Körper gezogen. Der Zug beginnt mit dem vor dem Körper ausgestreckten Arm, der bis Schulterhöhe durchgezogen wird. Beim Entenpaddeln sind die Oberarme am Körper angelegt und nur die Unterarme ziehen abwechselnd durchs Wasser. Im Gegensatz zu den anderen beiden Übungen werden hier die Hände gegen das Wasser gestellt, sodass Druck und somit auch Vortrieb durch die Armbewegung entsteht. Die Aufgabe beim Mississippidampfer besteht darin die Oberarme senkrecht zum Körper anzustellen, sodass der Ellenbogen sich auf Schulterhöhe befindet, und die Unterarme parallel zum Körper umeinander Kreisen zu lassen. Bei der Scheibenwischer-übung sind die Arme in der Ellenbogenvorhalte und die Unterarme bewegen sich synchron, dem Wasser entgegengestellt wie ein Scheibenwischer hin und her. Bei den Übungen, bei denen die Arme Vortrieb erzeugen, traten kaum Probleme auf, bei den anderen beiden hatten sehr viele Kinder Probleme, da sie noch nicht ganz stabil waren, um sich in Bauchlage ohne den Armzug halten zu können. Sie sind deshalb zu sehr ins Hohlkreuz gegangen oder standen fast im Wasser. Nach mehrfachem Üben wurde es viel besser, aber trotzdem ließ ich die kleineren Kinder des Vorschulalters diese nicht mehr ausführen, da ich sie noch als ungeeignet für die angesehen habe. Für die anderen Kinder sind diese Übungen durchaus machbar, weshalb ich sie als geeignet für sie einschätze.

5.4.3. Allgemeine Schlussfolgerungen

Die Wassergefühlsübungen sollten mit Vorsicht im Anfängertraining eingesetzt werden, da sie voraussetzen, dass die Sportler ihre Wasserlage sicher halten können. Erfahrungsgemäß machen sie aber sehr viel Spaß und verdeutlichen den Kindern auch wieder, dass sie schon so viel Erfahrung und Können haben, dass sie auch etwas verquere Übungen im Wasser durchführen können.

5.5. Kontrastformen

5.5.1. Begriff

Die Kontrastformen, die auch als Gegensatzerfahrungen bezeichnet werden, sollen die Sportler intuitiv auf einen optimalen Bewegungsablauf hinweisen. Sie können zunächst verunsichern, aber auch gleichzeitig helfen, automatisierte Fehlhaltungen und Fehlleistungen in Frage zu stellen und zu erkennen. Es wird in positive und negative Gegensatzerfahrungen unterschieden. Sie haben Gemeinsamkeiten mit den Wassergefühlsübungen, sind jedoch in der Bewegungsstruktur unterschiedlich. [1]

„Das Trainingsprinzip der Gegensatzerfahrungen zielt somit letztlich auf die Verbesserung der Bewegungsqualität, denn durch das Bewusstmachen von unterschiedlichen Bewegungsempfindungen können die zahlreichen koordinativen Fähigkeiten wirkungsvoller eingesetzt werden."(Hotz, 1986)

Die hier angesprochenen koordinativen Fähigkeiten sind die Differenzierungs-, Rhythmisierungs-, Kopplungs- und Umstellungsfähigkeit[2]

5.5.2. Übungen

Das Einbringen von altersausgerichteten, sinnvollen Kontrastformen gestaltete sich sehr schwierig. Vor allem am Anfang des Trainingsjahres, als die Kinder nur die Wechselbeinschläge richtig beherrschten, gab es kaum Möglichkeiten solche Übungen zu verwenden. Die einzige Kontrastform, die ich bereits am Anfang des Trainingsjahres für die Wechselbeinschlagbewegungen eingesetzt habe, ist das Schwimmen mit variierter Geschwindigkeit und Amplitude. Zum Beispiel sollten die Kinder auf einer Bahn große und langsame Beinschläge und auf der nächsten Bahn ganz kleine und schnelle Beinschläge machen. Sie tragen dazu bei, einerseits natürlich den Spaß am Schwimmen aufrecht zu erhalten, andererseits auch den Kindern ihre Sicherheit im Wasser zu zeigen. Sie lernen dabei aber auch wie sie ihre Wasserlage bei unterschiedlichen Bewegungsausführungen stabil zu halten und je nachdem zu variieren. Außerdem können die Kinder selbst spüren, wie sie am ihre Beinschläge ausführen müssen, um am besten voran zu kommen. Der einzige Fehler der,

---

[1] vgl. Frank, 2008, S.72, 73
[2] vgl. Frank, 2008, S.44, Abb.8

vor allem bei vergrößerter Amplitude, auftrat, war, dass manche Kinder, sowohl die Älteren als auch die Jüngeren, zu unruhig lagen und zu sehr mit ihrem Rumpf gewackelt haben, obwohl er ruhig gehalten werden sollte. Da aber so normal nicht geschwommen werden soll, war das kein schwerwiegender Fehler. Ich finde diese Übung sehr wichtig und schätze sie als geeignet für beide Altersgruppen ein.

Nach dem Erlenen der Rückengesamtbewegung konnte ich noch zwei weitere Übungen – das Zeitlupenschwimmen, dass ich schon in 3.1.2. erklärt und beschrieben habe, und das Rückenschwimmen mit Faust- in das Training einbauen. Beide schätze ich als geeignet für alle Kinder der Trainingsgruppe ein. Das Zeitlupenschwimmen verdeutlicht den Kindern, dass man mit einer niedrigen Frequenz viel schlechter vorankommt, als mit einer höheren. Das Faustschwimmen dagegen ist dazu da, ihnen zu zeigen, wie wichtig der Druck ist, der entsteht, wenn die Hand dem Wasser entgegengestellt wird, ist und zählt zu den negativen Gegensatzerfahrungen. Bei dieser Übung wird bei sonst, normaler Rückentechnik, die Hand während des gesamten Armzugs zu einer Faust geschlossen. Es war zu sehen, wie stark die Kinder den Unterschied merkten zum normalen unterschied merkten und nur sehr langsam vorankamen. Durch die Fausthalte kann kein Druck auf das Wasser ausgeübt werden und dadurch auch kein Vortrieb aus den Armen. Alle Kinder meisterten diese Übung sehr gut und gaben mir ein sehr positives Feedback.

5.5.3. Allgemeine Schlussfolgerungen

Kontrastformen sind sehr wichtig für die Fehlerkorrektur im Techniktraining. Sie geben den Sportlern eine gute Möglichkeit ihre Fehler selbst zu erkennen und auch selbst zu korrigieren und sich untereinander bzw. mit dem Trainer über ihre Erkenntnisse auszutauschen. Deshalb sollten solche Übungen auch unbedingt schon im Anfängertraining eingesetzt werden.

5.6. Spielformen

5.6.1. Begriff

Spielformen sind aus einem kind- und jugendgemäßen Training nicht wegzudenken, da sich die sensomotorische Entwicklung bei Kindern zum großen Teil während der Ausübung des Spiels vollzieht. Sie bieten dem Sportler die Möglichkeit zur kreativen Entfaltung und ermöglichen auch neue Erfahrungen mit der Bewegung. Die einzelnen Übungen können nur von Sportlern bewältigt werden, die die entsprechende Technik beherrschen und diese auch kombinieren, variieren und differenzieren können[1], da wirklich alle koordinativen Fähigkeiten zur Ausführung der verschiedenen Spielformen benötigt werden. [2]

5.6.2. Übungen

Spielformen habe ich nur sehr wenig im Training eingesetzt, da der Schwerpunkt beim Erlernen der richtigen Schwimmtechniken lag. Um aber ein wenig Spaß in das Training mit einzubringen, sind sie sehr gut geeignet. Als Spielform für das Rückenschwimmen konnte ich die Rücken-Achseltipübung sowie das Zeitlupenschwimmen, dass in mehrere andere Formen mit eingeordnet werden kann und in 5.1.2. ausführlicher erklärt ist, mit in eine Technikeinheit einbauen. Bei Ersterer soll, bei normaler Rückentechnik, in der Rückholphase des Armes einmal mit der Hand in die Achselhöhle getippt werden. Bei der Ausführung dieser zusätzlichen kleinen koordinativen Aufgabe gab es keine Probleme. Nur die normalen Technikaspekte des Rückengesamtschwimmens bereiteten einigen Kindern, wie auch bei anderen koordinativen Übungen, Schwierigkeiten. Deshalb schätze ich die Übung als geeignet für Kinder beider Entwicklungsphasen ein.

Eine weitere Spielform, die ich fast immer am Ende eines Rückentechniktrainings eingebracht habe, ist das So-falsch-wie-möglich-Schwimmen. Hier konnten die Kinder mental sich etwas erholen und die richtige Technik vergessen und so falsch wie sie nur wollten schwimmen. Diese Übung hat ihnen sehr viel Freude bereitet. Indirekt verinnerlichen sie aber das gerade gelernte, weil wenn sie nicht wüssten wie richtig geschwommen wird, wüssten sie auch nicht falsch schwimmen aussehen kann. Einige der kleineren Kinder alberten mir noch etwas zu

---

[1] vgl. Frank, 2008, S.143
[2] vgl. Frank, 2008, S.44, Abb.8

viel herum, was ich aber in ihrem Alter, nach einem sehr anstrengenden Techniktraining bei dem sie sich sehr konzentrieren mussten, als normal betrachte. Trotzdem schätze ich diese „Übung" als geeignet für alle Kinder ein.

5.6.3. Allgemeine Schlussfolgerungen

Die Spielformen eignen sich gut dafür etwas Spaß in das Training einzubringen und die Kinder zu motivieren, haben aber auch einen indirekten Lerncharakter, weshalb sie sehr gut für Sportler jüngerer Altersklassen geeignet sind. Man sollte meiner Meinung nach aber nicht zu viele von ihnen im Training verwenden, da der Schwerpunkt im Anfänger bzw. auch Grundlagentraining beim Erlenen einer guten Technik der Schwimmarten liegen sollte und daher andere koordinative Übungen erforderlich sind. Sie zeigen den Kindern aber auch, wie sicher sie schon im Wasser sind und, dass es ihnen keine großen Probleme mehr bereitet sich selbst im Wasser zu halten.

5.7. Partner- und Gruppenübungen

5.7.1. Begriff

Die Partner- und Gruppenübungen sollten in einer Einzelsportart wie dem Schwimmen nicht unterschätzt werden, da sie motorische Anforderungen mit sozialen Aspekten verbindet. Sie kommen auch den Forderungen, die an koordinative Übungen gestellt werden, nach und eignen sich bestens für eine Differenzierung des Trainings, zur Pflege sozialer Kontakte innerhalb der Gruppe und zur Entwicklung eines Zusammengehörigkeitsgefühls.[1]

„Selbst im Anfängerbereich (auch wenn das technische Niveau noch sehr gering ist) sind diese Übungen schon anzuwenden, um verschiedene Teilbewegungen miteinander auszuführen, zu üben, und aufeinander abstimmen zu lassen." (Frank, 2008, S.149)

---

[1] vgl. Frank, 2008, S.149

5.7.2. Übungen

Die Einbringung von Partner- bzw. Gruppenübungen gestaltete sich sehr schwierig. Bei Gruppenübungen wäre es vor allem für mich als Trainer sehr schwer gewesen alle Kinder sicher zu überblicken, da einige von einfach noch nicht sicher genug im Wasser waren, um sich noch auf mehrere andere konzentrieren zu können und sich produktiv an der Ausführung der Übung beteiligen zu können. Deshalb habe ich diese nicht in meine Trainingsplanung eingebracht. Am Ende des Trainingsjahres habe ich dann eine Partnerübung für das Rückenschwimmen ausprobiert, als die richtige Technik sich bei allen Kindern vertieft hatte. Bei dieser Übung schwimmen zwei Sportler nebeneinander und klatschen sich immer dann, wenn der äußere Arm über Wasser ist, in der Mitte in der Luft ab. Wichtig ist hierbei, dass die Sportler synchron schwimmen, damit sie sich nicht verpassen. Außerdem müssen sie sich an das Tempo des jeweils anderen anpassen, dass sie auch immer direkt nebeneinander liegen und die Hand des anderen erreichen und auch die Technik soll aufrecht erhalten werden. Somit ist diese Übung koordinativ sehr anspruchsvoll. Am Anfang hatten die Kinder große Probleme sich auf den Partner einzustellen, da auch viele verschiedengroße Kinder Paare gebildet haben, aber nach kurzer Zeit funktionierte es sehr gut. Nur in Einzelfällen konnten die beiden Partner sich nicht nach der Geschwindigkeit und Armlänge des Anderen ausrichten. Am Ende des Jahres funktionierte diese Übung problemlos und die Kinder fanden Spaß daran, sodass ich sie häufiger verwendet habe. Ich schätze sie als geeignet und machbar für beide Altersgruppen ein. Voraussetzung ist aber, dass die richtige Technik des Rückenschwimmens beherrscht wird, damit aus ihr keine größeren Technikprobleme resultieren.

5.7.3. Allgemeine Schlussfolgerungen

Die Partner- und Gruppenübungen sind gut für die Teambildung innerhalb einer Trainingsgruppe von Einzelsportlern. Außerdem bereiten sie den Kindern viel Freude und sind koordinativ sehr anspruchsvoll, da sie sich nicht nur auf sich selbst, sondern auch auf den Partner bzw. die Gruppe konzentrieren müssen. Die Einbringung diese Übungen in das Training gestaltet sich für mich als Trainer mit wenig Erfahrung und mit sehr energiegeladenen Sportlern mit wenig Trainingserfahrung als sehr schwierig, da ich ihre Sicherheit gewährleisten muss.

5.8. Übungskatalog koordinativer Übungen ausgerichtet auf die Schwimmarten

5.8.1. Übungen für das Rückenschwimmen

Koordinationsformen

- Rückenbeinbewegung: mit Brett hinter dem Kopf/ nach unten ausgestreckt vor dem Körper, ohne Hilfsmittel Hände oben/ nach unten an den Körper gelegt ausgestreckt, in Seitlage
- Rückengesamtbewegung: einarmiges Schwimmen, Zeitlupenschwimmen, Rückengleichschlag mit Rückenbeinen (m. klatschen), 1-2-3-Übung, Hand-über-Hand-Übung mit abklatschen oben/unten

Kombinationsformen

- Rückengesamtbewegung: Rückenarmbewegung mit Brustbeinen, Rückengleichschlag mit Brustbeinen

Korrekturformen

- Rückenbeinbewegung: Beine bzw. Knie beobachten mit Brett hinterm Kopf
- Rückengesamtbewegung: Arme am Ohr/weit weg vom Ohr eintauchen, leise schwimmen, Zeitlupenschwimmen, Leine ziehen, Oberschenkeltip

Übungen für das Wassergefühl

- Füßwärts-paddeln

Kontrastformen

- Rückenbeinbewegung: variierte Amplitude und Bewegungsgeschwindigkeit
- Rückengesamtbewegung: Zeitlupenschwimmen, Schwimmen mit Faust

Spielformen

- Rückengesamtbewegung: so falsch wie möglich schwimmen, Achseltip-Übung

Partner- und Gruppenübungen

- Rückengesamtbewegung: nebeneinander schwimmen mit abklatschen

5.8.2 Übungen für das Brustschwimmen

Koordinationsformen

- Brustbeinbewegung: mit Brett vor/unter dem Körper halten, in Rückenlage mit Brett hinter dem Kopf/ nach unten ausgestreckt vor dem Körper, Wassertreten (BB abwechselnd)
- Brustgesamtbewegung: Strecklage (1Armzug mit 2 Beinschlägen)

Kombinationsformen

- Brustgesamtbewegung: Brustarmbewegung mit Kraulbeinbewegung, Rückengleichschlag mit Brustbeinbewegung, Rückenarmbewegung mit Brustbeinbewegung

Korrekturformen

- Brustbeinbewegung: Üben an Land, jedes Mal bis 3 zählen, wenn die Beine geschlossen sind
- Brustgesamtbewegung: Strecklage

Übungen für das Wassergefühl

- Füßwärts-paddeln

5.8.3 Übungen für das Freistilschwimmen

Koordinationsformen

- Kraulbeinbewegung: mit Brett vor/unter dem Körper halten, in Seitlage

Kombinationsformen

- Kraulgesamtbewegung: Hundepaddeln

Kontrastformen

- Kraulbeinbewegung: variierte Amplitude und Bewegungsgeschwindigkeit

Übungen für das Wassergefühl

- Hunde-/Entenpaddeln, Mississippidampfer, Scheibenwischer

6. Zusammenfassung der Ergebnisse

Zusammenfassend ist deutlich geworden, dass alle Formen der koordinativen Übungen beim Training von Kindern beider Entwicklungsphasen einsetzbar sind und auch eingesetzt werden müssen, um alle koordinativen Fähigkeiten ausgewogen zu trainieren. Außerdem wird sichtbar, dass mit fortlaufender Entwicklung und wachsender Trainingserfahrung die Fülle an einsetzbaren koordinativen Übungen zunimmt. Diese müssen jedoch sorgfältig, je nach Trainingsziel oder Schwerpunkt für jede Trainingseinheit ausgewählt werden.

Die Koordinationsformen habe ich am meisten verwendet schätze ich für das Training von Kindern, die von der Entwicklung her im gleichen Alter sind wie meine Sportler, die Koordinationsformen als wichtigste Kategorie der koordinativen Übungen ein. Mit ihnen kann man sowohl technische Ziele, wie das Erlernen einer neuen Schwimmart oder die Wiederholung von Technikschwerpunkten, als auch konditionelle Ziele verfolgen. Deshalb sollten sie im Anfängertraining in jeder Trainingseinheit auftauchen und eine zentrale Rolle spielen. Die Kontrast- und Korrekturformen sowie die Wassergefühlsübungen, die wichtig sind, um technische Fehler zu beheben und das Wassergefühl zu verbessern, sind auch wichtig und sollten deshalb auch immer eingesetzt werden. Die Kombinationsformen sollten zwar auch auftauchen, spielen aber erst im späteren Verlauf des Trainingsaufbaus eine größere Rolle. Sie überschneiden sich aber auch oft mit anderen Kategorien der koordinativen Übungen und müssen deshalb auch nicht immer im Training auftauchen. Die Spielformen und Partner- und Gruppenübungen stelle ich in meinem Training etwas zurück, weil ich denke, dass sie nicht viel zum Erreichen der Trainingsziele beitragen und auch die Zeit dafür meist nicht reicht. Sie sollten aber in Maßen im Training auftauchen, weil die Kinder auch den Spaß am Training nicht verlieren dürfen.

Nun habe ich noch einmal die, für jede Entwicklungsphase geeigneten koordinativen Übungen, in einer Tabelle zusammengefasst. Dabei fällt auf, dass nur geringe Unterschiede hier nur geringe Unterschiede bestehen, was für den Trainer bedeutet, dass er, während der Trainingseinheit, die Kinder kaum bei der Auswahl der passenden Übungen differenzieren muss. Er darf aber nicht vergessen, dass, aufgrund der Unterschiede in Alter und Entwicklung, noch Unterschiede in konditioneller und psychischer Hinsicht, dem Lerntempo und der Wichtigkeit von koordinativen Aufgaben bestehen.

6.1. Geeignete koordinative Übungen im Wasser für Kinder des Vorschulalters

Schwimmart		Koordinations-formen	Kombinations-formen	Korrektur-formen	Wassergefühls-übungen	Kontrast-formen	Spiel-formen	Partner- und Gruppenübungen
Rücken	Bein-Bewegung	- m. Br. hinterm Kopf/ausgestreckt vorm Körper - Hä. o./u.		- Beine beobachten m. Br. hinterm Kopf		- variierte Amplitude und Schlaggeschwindigkeit		
	Gesamt-Bewegung	- einarmig Ha u. - Zeitlupe - Rgl Rb (m. klatschen) - 1-2-3-Übg. - HüH o./u.	- Ra Bb - Rgl Bb	- Arme nah bzw. weit vom Kopf weg eintauchen - leise schwimmen - Zeitlupe - Leine ziehen - Oberschenkeltip		- Zeitlupe - Faustschwimmen	- so falsch wie möglich schwimmen - Achseltip - Zeitlupe	- Abklatschübung
Freistil	Bein-Bewegung	- m. Br. vor/unterm Körper	- Hundepaddeln			- variierte Amplitude und Schlaggeschwindigkeit		
	Gesamt-bewegung				- Hundepaddeln - Entenpaddeln			
Brust	Bein-bewegung	- m. Br. vor/unterm Körper		- Üben an Land - bis 3 zählen				
	Gesamt-bewegung		- Ra Bb - Rgl Bb					

37

6.2. Geeignete koordinative Übungen im Wasser für Kinder des frühen Schulkindalters

Schwimmart		Koordinations-formen	Kombinations-formen	Korrektur-formen	Wassergefühls-übungen	Kontrast-formen	Spiel-formen	Partner- und Gruppenübungen
Rücken	Bein-Bewegung	- m. Br. hinterm Kopf/ausgestreckt vorm Körper - Hä. o./u.		- Beine beobachten m. Br. hinterm Kopf		- variierte Amplitude und Schlaggeschwindigkeit		
	Gesamt-Bewegung	- einarmig Ha o./u. - Zeitlupe - Rgl Rb (m. klatschen) - 1-2-3-Übg. - HüH o./u.	- Ra Bb - Rgl Bb	- Arme nah bzw. weit vom Kopf weg eintauchen - leise schwimmen - Zeitlupe - Leine ziehen - Oberschenkeltip		- Zeitlupe - Faustschwimmen	- so falsch wie möglich schwimmen - Achseltip - Zeitlupe	- Abklatschübung
Freistil	Bein-Bewegung	- m. Br. vor/unterm Körper	- Hundepaddeln			- variierte Amplitude und Schlaggeschwindigkeit		
	Gesamt-bewegung				- Hundepaddeln - Entenpaddeln - Mississippidampfer - Scheiben-wischer			
Brust	Bein-bewegung	- m. Br. vor/unterm Körper		- Üben an Land - bis 3 zählen				
	Gesamt-bewegung	- Ra Bb - Rgl Bb						

7. Literaturverzeichnis

Baumann, S. (1993). *Psychologie im Sport- psychische Belastungen meistern, Mental trainieren, Konzentration und Motivation.* Aachen: Meyer & Meyer Verlag.

Buchner, W., Arnet, E., Bébié, F., Frank, G., Maag, A., Messmer, C., et al. (2002). *1001 Spiel- und Übunngsformen im Schwimmen.* Schorndorf: Verlag Karl Hofmann.

Der Brockhaus Sport - Sportarten und Regeln, Wettkämpfe und Athleten, Training und Fitness. (2007). Mannheim: F. A. Brockhaus GmbH.

Eberspächer, H. (Hrsg.). (1987). *Handlexikon Sportwissenschaft.* Hamburg: Rowohlt Taschenbuch Verlag GmbH.

Frank, G. (2008). *Koordinative Fähigkeiten im Schwimmen - Der Schlüssel zur perfekten Technik.* Schorndorf: Hofmann-Verlag.

Gambril, D., & Bay, A. (1988). *Athleten und Trainier der Welt - Handbuch für den Schwimmsport.* Aachen: Meyer & Meyer Verlag.

Göhner, U. (1992). *Einführung in die Bewegungslehre des Sports.* Schorndorf

Harre, D. (1982). *Trainingslehre, Einführung in die Theorie und Methodik des sportlichen Trainings.* Berlin

Hartmann, C., Minow, H.-J., & Senf, G. (2011). *Sport verstehen-Sport erleben - Bewegungs-undtrainingswissenschaftliche Grundlagen.* Berlin: lehmanns media.

Hotz, A. (1986). *Qualitatives Bewegungslernen.* Zumikon

Inst., R. f. (Hrsg.). (1987). *Schülerduden - Der Sport.* Mannheim: Bibliographisches Institut und Mannheimer Morgen Großdruckerei und Verlag GmbH.

Israel, S. (1976). *Die Bewegungskoordination frühzeitig ausbilden. In: Körpererziehung 11/1976*

Joch, W. (1992). *Das sportliche Talent.* Aachen.

Kent, D. M. (1998). *Oxford Dictionary of Sports Sience & Medicine.* New York: Oxford University Press Inc.

Meinel, P. D., Schnabel, D. p., Blume, D. p.-D., Lehmann, D. p., Heller, D. p., & Winter, D. p. (1975). *Bewegungslehre.* Berlin: Volk und Wissen Volkseigener Verlag.

Pfeifer, H. (1993). *Schwimmtraining im Verein.* Berlin: Sport und Gesundheit Verlag GmbH.

Röthig, P., & Größing, S. (Hrsg.). (1991). *Kursbuch 1 - Sportbiologie.* Wiesbaden: Limpert Verlagg.

Schega, L., & Pabst, J. (2006). *Sportartspezifische Leistungsdiagnostik - Bewegungs- und trainingswissenschaftliche Empfehlungen für Menschen mit Behinderungen.* Bonn: SPORTVERLAG Strauß.

Schneider, R. (2012). *Schwimmen - Wassergewöhnung, Technik und Methodik der 4 Hauptlagen, Starts und Wenden.* München: Stiebner Verlag GmbH.

Schramm, E. (1987). *Sportschwimmen, Hochschullehrbuch.* Berlin

Urbainsky, N. (1987). *Methodik des Schwimmunterrichts Teil I - Ein Handbuch für Sportlehrer, Übungsleiter und Aktive.* Celle: Pohl-Verlag.

Weber, U. (2003). *Familie und Leistungssport.* Schorndorf: Verlag Karl Hofmann.

Wilke, K., & Madsen, O. (1997). *Schriftreihe zur Praxis der Leibeseriehung und des Sports - Das Training des jugendlichen Schwimmers* (Bd. 171). Schorndorf: Karl Hofmann.

7. Abkürzungsverzeichnis

m.Br.	mit Brett
Ha/Hä	Hand/Hände
o./u.	oben/unten
Rgl	Rückengleichschlagarmbewegung
Ra	Rückenarmbewegung
Rb	Rückenbeinbewegung
Bb	Brustbeinbewegung
HüH	Hand-über-Hand-Übung (Strecklage)